ÉPITRE

AUX

MATÉRIALISTES.

ÉPITRE

AUX

MATÉRIALISTES.

Ut ipsum Mundum ex quadam parte mortalem
ipse Deus æternus, sic fragile corpus animus
sempiternus movet. *CIC. som. scip.*

A AMSTERDAM.

M. DCC. LXXIX.

AVERTISSEMENT.

CETTE Épitre n'eſt point un Traité phi-
loſophique ſur le Matérialiſme, mais une
ſuite de réflexions qui s'offrent à l'eſprit à
la vue des progrès affreux de cette Doc-
trine impie, & de l'acharnement incroyable
de ſes Sectateurs à la répandre ; acharnement qui ſeroit du moins excuſable s'il en
pouvoit réſulter un bien quelconque, ou
pour eux, ou pour les autres ; mais qui,
n'ayant d'autre objet que de détruire ce
qu'il y a de plus ſacré parmi les hommes,
& de rompre les liens qui les uniſſent entre
eux, n'eſt pas même digne d'être appellé
du nom trop doux de fanatiſme. Aſſez d'ex-
cellens Auteurs ont déja traité cette matiere
& ont pulvériſé toutes les objections ſpé-
cieuſes de nos prétendus Eſprits forts, qui

ne se montrent dignes de ce nom que par le courage avec lequel ils osent encore tous les jours les reproduire comme nouvelles, en les rajeunissant à l'aide d'un vernis séduisant. Il suffiroit même de les renvoyer à l'un des plus beaux génies de l'antiquité, qui étoit tout-à-la-fois grand Orateur, homme d'État, Philosophe, & sur-tout, ce qu'il n'est pas inutile de remarquer, le plus honnête homme de son siecle. Intimement convaincu de la certitude du dogme de l'immortalité de l'ame, ce grand homme en a fait sa profession de foi dans des termes non moins sublimes qu'énergiques. Son mépris pour ceux qui tenoient l'opinion contraire étoit tel, qu'il n'en parle que sous le nom de certains petits Philosophes, *minuti Philosophi*. Et il assure qu'il s'est déterminé à croire à l'immortalité de l'ame, non seulement par l'évidence &

les preuves de raifonnement , mais encore par l'excellence & l'autorité du témoignage des plus grands Philofophes ; *nec me folùm ratio ac difputatio impulit ut ità crederem , fed nobilitas etiam fummorum Philofophorum & auctoritas* *. L'amour propre de nos Sophiftes modernes, qui n'eft pas leur moindre défaut , pourra fouffrir un peu de cette piqueure , d'autant plus vive qu'elle part d'un homme univerfellement refpecté de fon temps , & dont l'efprit & l'éloquence ferviront de modele à tous les fiecles. Il eft vrai qu'ils n'auroient pu paffer dans l'efprit de Ciceron que pour de très-petits Philofophes. Il eft bien étonnant qu'au milieu des ténébres du Paganifme & à la fimple lueur de la raifon humaine, des Payens ayent découvert & embraffé la

---

* Ciceron , Traité *de SeneŒute.*

vérité, & que des Chrétiens qui se disent Philosophes, éclairés en outre par le jour le plus pur qu'a fait naître une Religion toute sublime, s'aveuglant eux-mêmes, détournent les yeux & la méconnoissent.

ÉPITRE

AUX

MATÉRIALISTES.

PHILOSOPHES nouveaux, Disciples de V.......
Votre Maître n'est plus qu'une froide poussiere.
Ou, si l'ame immortelle, habitante du corps,
S'envole, en le quittant, au Royaume des morts,
La sienne, préférant l'horrible pourriture,
Desireroit, aux vers, de servir de pâture.
Terrible alternative, où, pour l'homme expirant,
L'espoir le plus flatteur est celui du néant !
Voilà donc l'heureux sort dont on vient avec zele
Aux mortels abusés annoncer la nouvelle !
Nous croyons que, rayon de la Divinité,
L'ame, à la mort, retourne au lieu qu'elle a quitté ;
Que, du bien & du mal qu'elle a fait sur la terre,
Elle va recevoir la peine ou le salaire.
Vaine attente, dit-on ; l'homme, à son jour dernier,
Semblable aux animaux, se détruit tout entier.
Le crime & la vertu sont confondus ensemble,
Et, dans son froid repos, le tombeau les rassemble.

A iv

Vous êtes deformais d'illuſtres infenfés,
Vous qu'ont prefqu'adoré tous les fiecles paſſés ;
Dont la morale, honneur de la raifon humaine,
Approcha de fi près la morale Chrétienne,
Epictete, Antonin, & Socrate & Platon,
Vous aimiez la vertu; ce n'eſt plus qu'un vain nom,
Si l'on croit aujourd'hui les leçons de nos Sages,
Et le vice tout feul mérite nos hommages.
Que dis-je? Autour de nous le mot d'humanité
Par leurs nombreux échos fans ceſſe eſt répété.
Aimez votre prochain, vieille & pieufe phrafe.
Sois humain, bienfaifant, dit-on avec emphafe.
Tout Ecrivain jaloux de plaire aux Beaux-Efprits,
De ce mot, en paſſant, doit orner fes écrits.
Mot pompeux que leur chef, d'innovations avide,
Forgea pour détrôner la charité timide,
A ce mot vous verriez leurs efcadrons épars,
Comme au fignal donné, marcher de toutes parts
Et déclarer la guerre, armés de l'ironie,
A la Religion, leur unique ennemie.
O Vertu, que fur nous ton empire eſt puiſſant !
On te refpecte encor, même en te haïſſant.
Sous ces noms, impofans pour les ames novices,
Nos Sages, mieux inſtruits, couronnent tous les vices.
Au fort des animaux ils bornent leurs defirs,
Et, partageant leur fin, partagent leurs plaifirs.
Encor fi, fe livrant à la fimple Nature,
De fes loix ils fuivoient la route toujours fure,

On ne les verroit point, froidement inhumains,
Contre eux-mêmes tourner leurs homicides mains,
Se dévouer fans peine à des morts lamentables,
Et fe rendre à la fois victimes & coupables.
Jadis le fuicide, enfant du defefpoir,
Pâle &. de fang fouillé, fpectre hideux à voir,
N'offroit qu'aux malheureux, de fes mains impor-
   tunes,
Son funefte remede aux grandes infortunes.
Caton, en l'invoquant, crut fuir le deshonneur,
Plus grand s'il avoit pu furvivre à fon malheur.
Satellite aujourd'hui de la philofophie,
Ce monftre deftructeur l'a déja trop fervie;
Semblable à ces faux Dieux vrais Tyrans des mor-
   tels,
Elle aime à voir leur fang couler fur fes autels.
Détruifez votre corps, dit fon dogme effroyable,
Comme d'un vafe on rompt l'argile peu durable.
Craindriez-vous un Dieu vainement irrité?
Le néant, contre lui, vous met en fureté.
Un pere fuicide à la fleur de fon âge
Tranfmet à fes enfans ce coupable héritage;
D'amis à fes leçons un couple obéiffant,
Dégoûté de plaifirs, implore le néant,
Pour trouver le bonheur s'avance vers la tombe,
Et, raifonnant toujours, s'arme, fe frappe & tombe.
Que de gens infectés de ces dogmes nouveaux
Qui, pouvant vivre heureux, font leurs propres
   bourreaux!

Leur nombre à nos loix même impofe le filence.
De la Philofophie étonnante puiffance !
Elle regne, & pareille au Roi des affaffins,
Semble avoir mis à prix tout le fang des humains ;
Mais de ce Roi cruel les Soldats fanguinaires
Du moins fe promettoient des biens imaginaires ;
Au lieu que ces Martyrs, eux-mêmes s'égorgeant,
Pour toute récompenfe attendent le néant ;
Le néant, monftre affreux que la Nature abhorre,
Mais pour le crime, hélas ! deftin trop doux encore.
Ce que craint l'innocence eft un bonheur pour lui ;
L'efpoir de ceffer d'être eft fon plus ferme appui.
Du fceau de la vertu quiconque a l'ame empreinte,
Sans peine du néant met fous fes pieds la crainte :
A l'aide du bon fens, de nos Sages rufés
Il démêle aifément les fophifmes ufés.
Il voit leurs paffions ; leur gloire il l'apprécie,
Et leur fageffe enfin à fes yeux eft folie.
Heureux qui, dès l'enfance à la vertu foumis,
Ne s'eft point enrôlé parmi fes ennemis.
Il aime à croire un Dieu l'auteur de la Nature,
De l'homme, après fa mort, l'exiftence future.
Il vole en efpérance à ce féjour heureux.
Tous les maux d'ici bas n'ont pour lui rien d'affreux:
D'un bonheur éternel fa fouffrance eft fuivie ;
Et ce n'eft qu'à fa mort que commence fa vie.
Lui feul eft Philofophe ; impaffible & ferein,
Sans murmure il attend l'arrêt de fon deftin.

Il ne prévient jamais les decrets de son Maître,
Rendant sa vie aux mains de qui lui donna l'être.
Mais au sein des plaisirs, dont il est bientôt las,
Le bonheur de l'Impie est de n'exister pas.
Plus malheureux cent fois que l'animal lui-même,
Auprès duquel il s'est placé par son système,
Sa grandeur qu'il veut fuir le poursuit en tous lieux,
Et le force à haïr jusqu'aux bienfaits des Cieux:
Il pense..... O sort cruel! sans cesse sa pensée
Rappelle à son esprit la vertu délaissée,
Au rang qu'il veut quitter le ramene à regret,
Et, tranquille au dehors, le tourmente en secret.
Des promesses du Ciel, si belles, si touchantes,
Il ne sçait point goûter les douceurs consolantes.
Sans soutien, sans boussole, & seul dans l'Univers,
Il succombe aisément sous les moindres revers.
Du plus prompt desespoir ils sont pour lui la source;
Un poignard, le poison est sa seule ressource.
Heureux si, dans la mort pour toujours englouti,
Son être infortuné peut être anéanti.
Jusqu'aux derniers instans le doute le dévore:
Il meurt pour être, hélas! plus misérable encore.

Oui, s'il n'est que matiere & qu'un simple animal,
Pour l'homme la raison est un don bien fatal.
Ah! du moins dans nos champs la plante qui vé-
    gete
Croît, & de l'avenir jamais ne s'inquiete:

Le bœuf trace à pas lents son pénible sillon,
Sans songer si son ame est immortelle ou non :
Le soir vient, il retourne à son toit ordinaire ;
Un peu de foin lui sert de mets & de litiere ;
Il dort, l'aube revient & le travail aussi.
Ainsi coulent ses jours sans soin & sans souci.
L'homme seul, à la fois leur égal & leur maître,
L'homme, toujours brûlant de la soif de connoître,
Regarde le passé, perce dans l'avenir,
Et jamais du présent ne s'arrête à jouir.
Son esprit inquiet incessamment desire ;
Il calcule, prévoit, discute, blâme, admire.
De l'amour de la gloire en tout temps agité,
Il court par les dangers à l'immortalité.
Pour suffire à l'essor de son vaste génie
Le monde est trop étroit, c'est trop peu d'une vie.
Le desir du bonheur dans son cœur est gravé ;
Il l'a cherché par-tout & ne l'a point trouvé.
Pour rendre à son esprit l'espérance & la joie,
Pour charmer les soucis auxquels il est en proie,
Philosophes nouveaux, vous lui dites : » Mortel,
» Tu te flattes en vain d'un bonheur éternel ;
» La douleur ici-bas, la mort est ton partage ;
» Par-delà le néant est ton seul héritage. «
Cruels Consolateurs, Apôtres inhumains,
De ce que vous prêchez êtes-vous bien certains ?
Modernes Novateurs, cette antique croyance,
Fondement des vertus, gage de l'innocence,

Dont vous vous efforcez d'abattre les autels,
De tout temps, en tous lieux regne chez les mortels.
Non, ils n'auront jamais de plus belle richeſſe.
Pour oſer leur ravir ces titres de nobleſſe,
Il faut des argumens clairs, palpables, frappants,
Qui de tout intérêt puiſſent paroître exempts;
Non des ſophiſmes vains, des raiſons ſurannées,
Reproduites cent fois & cent fois condamnées,
Qui, n'oſant plus du jour ſoutenir le reflet,
Nouveaux oiſeaux de nuit, circulent en ſecret,
Ou qui, s'amalgamant à des fables impures,
De blaſphêmes plaiſans rehauſſent leurs peintures,
Séduiſent les eſprits en corrompant les cœurs,
Et, ſerpens venimeux, ſe gliſſent ſous les fleurs.
Non, ce n'eſt point ainſi qu'éloquente & ſublime,
D'un ton toujours décent la vérité s'exprime.
Ses charmes tout-puiſſans, qui plaiſent ſans détours,
Rougiroient d'appeller le vice à leur ſecours.
Eh! quoi, d'un Créateur auſſi juſte que ſage,
Pourroit-on à ces traits reconnoître l'ouvrage?
A-t-il ſi richement doté l'homme en naiſſant
Pour être de la mort le jouet impuiſſant?
Roſeau ſur qui d'abord, tendre pere, il épuiſe
Ses dons les plus divins, & qu'auſſitôt il briſe.
Non, ce ſyſtême abſurde, à l'homme injurieux,
N'eſt point digne du Dieu qui gouverne les Cieux.
Mais vous, Docteurs profonds, dont la vive lumiere
Conçoit ſi bien comment l'eſprit n'eſt que matiere,

Quel intérêt fi grand, ou quel zele indifcret
Vous force à révéler ce funefte fecret?
L'utile préjugé que vous voulez profcrire,
Tant de fiecles pour lui n'ont-ils donc pu prefcrire?
Ses fervices au moins plaident en fa faveur.
Par lui, moins malheureux, l'homme devient meil-
      leur.
Lui feul foutient le pauvre en fa longue mifere:
De toutes nos vertus lui feul il eft le pere.
Sans lui l'humanité, que vous prêchez fi bien,
Dans des cœurs avilis bientôt ne feroit rien.
Jufte effroi du méchant & terreur du coupable,
Pour l'homme vertueux c'eft un bien defirable.
Ah! d'une erreur fi belle, & qui nous fait plaifir,
Dangereux Médecins, gardez de nous guérir.
Ne nous réveillez pas d'un agréable fonge.
Non, votre vérité ne vaut pas ce menfonge.

Cependant on ne voit qu'écrits, Auteurs charmans,
Qui tâchent d'en fapper les anciens fondemens:
Par-tout, joyeux porteurs de fi triftes meffages,
A nous les annoncer s'empreffent tous vos Sages.
Les foudres de nos loix tonnent en vain contre eux;
Ils n'en levent pas moins leurs fronts audacieux.
Que dis-je? du néant Sectateurs fanatiques,
Ces peines font pour eux des couronnes civiques.
Comment peut-on vexer ces dignes Précepteurs
Qui, pleins d'humanité, veulent aux jeunes cœurs

Apprendre à fecouer ces préjugés de vieilles
Dont on a de bonne heure alarmé leurs oreilles,
Cette vaine terreur d'un fâcheux avenir,
Qui vient les tourmenter jufqu'au fein du plaifir?
Pour l'auteur de fes jours, de leur pleine puiffance,
Ils difpenfent l'enfant de la reconnoiffance,
Du lien conjugal relevent les époux,
Et des plus grands forfaits nous déclarent abfous.
L'homme vit, par leurs foins, tranquille au fein
   des vices.
Comment récompenfer ces importans fervices?
Noms jadis refpectés, principes, mœurs, vertus,
Piété, chafteté, déja vous n'êtes plus.
Tel que ces Nations dont la fureur guerriere
Sembloit avoir fait vœu de dévafter la Terre,
Et, détruifant des Arts les chef-d'œuvres divins,
Vouloir à l'ignorance affervir les humains :
Tel triomphant des mœurs votre fyftême infame,
Aidé des paffions, voudroit détrôner l'ame,
Étouffer la raifon fous les plaifirs brutaux,
Et nous réduire au fort des plus vils animaux.
Dans tous les cœurs féduits l'affreufe épidémie
Préparée avec art déja s'eft affermie.
Le bien lentement coule en un fol tout fangeux;
Le mal court à grands flots, torrent impétueux.
Tout homme eft Philofophe, & les bouches des
   Belles
Sont, autant qu'à l'Amour, au Blafphême fidelles.

Quel funefte fçavoir, enté fur Richelet,
Nous rend univerfels par ordre d'alphabet !
Heureufe invention ! Nombreux Dictionnaires,
De la Philofophie utiles Émiffaires,
Volez, portez par-tout avec l'impiété
L'amour de la licence & de la volupté.
Il n'eft plus d'ignorans. Tel à peine fçait lire
Qui, tranchant du Sçavant, du Ciel ofe médire,
Et, petit Salmonée, en fes triftes bons-mots
Traite les gens pieux d'ignorans & de fots.
Et même fur ces vers votre Secte indignée,
De la vertu, du vrai déja rivale née,
Verfera, je le fçais, l'amertume & le fiel,
Et voudra les noircir d'un opprobre éternel.
De l'immortalité que le mérite donne,
Partifans du Néant, euffiez-vous la couronne,
Je la refuferois fi, pour la mériter,
En marchant fur vos pas il falloit l'acheter.
Oui, j'en fais le ferment; votre haine m'eft chere,
Et je ferai toujours gloire de vous déplaire.

F I N.